Sam Tunda

21 La magie de l'ignorance

Sam Tunda

21 La magie de l'ignorance

Jesús Christ est Seigneur

Éditions Croix du Salut

Cover image: www.ingimage.com

Publisher:
Éditions Croix du Salut
is a trademark of
International Book Market Service Ltd., member of OmniScriptum Publishing Group
17 Meldrum Street, Beau Bassin 71504, Mauritius

Printed at: see last page
ISBN: 978-613-7-36560-1

21

La magie de l'ignorance

Dédicace

à mon papa Célestin et ma maman Elisa, ainsi qu'à tout ceux qui luttent face au monde.

Introduction

Nul n'est sans ignorer que la vie est un énorme mystère continuel. Son origine, son avenir... Qui peut répondre à ces questions avec exactitude ? Je n'aurai pas la prétention de dire que je pourrai répondre à ces interrogations car tu t'en chargeras. C'est avec beaucoup de certitude que je peux te dire que, toutes choses, bonnes ou mauvaises arrivent pour une raisonbien précise.D'où l'impératif de maitriser ce qui constitue sa vie afin de toujours vivre en harmonie avec son créateur.

Si jadis, il suffisait de dire à un enfant «ne touche pas au feu », pour qu'il demeure obéissant toute sa vie, aujourd'hui c'est quasi impossible ; car il faut lui expliquer les motivations pour lesquels il faut servir DIEU, pourquoi il ne faut pas pécher, pourquoi il ne faut pas manger du fruit de l'arbre interdit, le pourquoi de l'interdiction.

Certainement si Eve connaissait quel aurait été la conséquence de son acte, elle n'allait pas manger de ce fruit. C'est parce qu'elle était ignorante que le serpent la conduisit vers le péché. Lorsqu'un être humain agit sans comprendre ni connaitre ses motivations, il est plus facile de le manipuler en lui inculquant n'importe quoi. Cette œuvre va te dévoiler certains mystères sur comment sera ton avenir en fonction de ta vie actuelle et si elle se conforme à celle de ceux qui iront se reposer aux côtés du créateur après une vie pas facile sur terre ou, à ceux qui vivront la souffrance éternelle.

‘’ Dieu créa l'univers et l'ignorance engendra le monde ‘’

‘’ Lorsqu'on est incapable de connaître qui on est réellement, difficile de ne pas être quelqu'un d'autre. ‘’

CHAP I : TROMPE POUR ETRE PRIVE DE PAIX

Genèse 1:26 : "Puis Dieu dit : Faisons l'homme à notre image, notre ressemblance et qu'il domine sur les poissons de la mer, sur les oiseaux du ciel, sur le bétail, sur toute la terre, et sur tous les reptiles qui rampent sur la terre".

L'homme est la seule créature que Dieu a jugée bon de créer à son image et à sa ressemblance, marque de confiance de sa part. Et le plus exceptionnelle est que cet être a été créé libre. Posons-nous une question, si nous avions la possibilité de façonner l'homme ou la femme parfaite selon nous, serait elle libre de vivre avec ou sans nous ? Notre créateur nous a pourtant laissé la liberté de choisir entre le bien (Dieu) ou le mal (Satan).

Imaginons une vie dans laquelle nous avons les voitures que l'on veut, l'argent que l'on veut, les hommes et les femmes que l'on veut, les immobiliers selon nos envies,... bref la possibilité de vivre ses envies et ses rêves en permanence. Et tout ça dans un monde où le dictionnaire ne contient pas des mots tels que : stress, soucis, peur, angoisse, déception, tristesse,...

Utopique est cette existence car l'homme a totalement perdu le privilège d'expérimenter cette vie paradisiaque. En vrai Adam et Eve ne vivait pas dans un lieu ayant des coordonnées géographique X ou Y appelé jardin d'Eden, mais la réalité est qu'ils vivaient plutôt le jardin d'Eden. Vie en parfaite harmonie avec Dieu dans un monde où le mal n'existe pas.

Si le diable a pris la peine de s'intéresser à Eve afin de la tromper, c'est parce que l'homme est un être exceptionnel qui était porteur de beaucoup de grâce divine. **Le diable ne vous apportera rien de plus que ce que vous êtes déjà dans votre ADN.**

Premièrement il a voulu prouver au Seigneur qu'il était tout aussi puissant que lui et deuxièmement, priver l'homme de son privilège unique par jalousie.

" Le voleur ne met jamais sa main dans la poche d'un mandiant ".

Une fois la création terminée, Dieu avait autorisé à l'homme de faire ce qui lui chantait à l'exception de manger du fruit de l'arbre de la connaissance du bien et du mal sinon, mort s'en suivrait.

Avant tout, l'ennemi de l'homme c'est d'abord lui-même, car même si son agir est l'œuvre d'une force obscure, il faut savoir qu'elle fera appel à son implication personnelle dans la plupart des cas. C'est pourquoi, avant de chercher un coupable autre que soi-même ou dire que j'ai agi de telle ou telle façon à cause du méchant, nous devons d'abord admettre notre portion d'implication et trouver comment y remédier en avançant car « **le passé est l'instant inchangeable derrière soi et le futur l'occasion divine de faire mieux.** »

Nous sommes nombreux à penser que Dieu avait été tellement miséricordieux avec Adam et Eve qu'au final, il ne leur avait pas accordé la mort. Oui c'est vrai que notre Seigneur est miséricordieux, mais il est important de savoir que **Dieu tout puissant n'est pas gentil mais juste.** Afin d'une meilleure compréhension, notons **qu'i**l existe trois sortes de mort :

1. La mort physique ou celle de la chair, est l'extinction du souffle de vie ou la mort de la partie matérielle de l'homme qui est constitué de la chair, de l'esprit et de l'âme

2. La mort spirituelle, est l'absence d'une vie spirituelle accomplie ou la rupture de la communion avec Dieu
3. La mort éternelle ou l'enfer, pour tous ceux mourant physiquement sans avoir reçu JESUS CHRIST comme sauveur et Seigneur mais, aussi à tous ceux qui seront jugés indigne d'entrer dans le paradis.

La mort dont il était question, était celle de leurs esprits et non pas de leurs chairs. Bien aimé, étant tous descendants d'Adam nous naissons en tant que mort car nous venons au monde avec les péchés originels d'Adam. Et c'est JESUS CHRIST qui nous sauve en nous donnant un véritable souffle comme pain quotidien.

Eph 2:5 "Nous qui étions morts par nos offenses, nous a rendus la vie avec le Christ (c'est par grâce que vous êtes sauvés"

"Un corps fait de chair mais sans l'esprit du Seigneur, n'est qu'une tragédie inévitable"

La désobéissance du jardin d'éden a eu deux conséquences dramatiques majeures :

1. La séparation entre Dieu et les hommes

L'homme qui pouvait communiquer directement avec son Seigneur selon ses souhaits est maintenant obligé de prier, d'attendre et chercher des multiples méthodes d'exaucements. Quelle tristesse !

Aussi multiple qu'elles puissent être aujourd'hui, toutes les religions au sens propre du terme excluant les sectes ou autres rassemblements mystico-spirituels, ont pour but de parler aisément à son créateur. Eux par contre, n'avaient pas ce souci.

2. L'entrée du péché dans le monde

Adam et Eve sont les protagonistes du péché parce que le péché est la désobéissance à la parole de Dieu et ils ont été les premiers à le faire d'où, ils ont dû être châtié, comme on dit : "Qui aime bien châtie bien".

Aujourd'hui il n'existe plus de camp neutre, soit nous marchons dans la lumière soit dans l'obscurité.

Pour ceux qui considèrent qu'ils sont dans la lumière tout en se laissant guider par les envies de la chair, ils devront comprendre qu'ils sont dans le faux car nous sommes tous de Dieu mais le monde tout entier est sous la domination du malin **(1 Jean 5:19).**

'' Dans un travail entrepris par plusieurs, la volonté proportionnelle est celle qui fixera la différence. ''

CHAP 2 : LES PORTEURS DU PASSEPORT JESUS-CHRIST ET LES VRAI CHRETIENS

Chrétien comme Jésus-Christ. Ça veut dire celui qui s'engage à ne vivre que selon la volonté de Jésus-Christ en suivant ses pas ainsi qu'en le prenant comme seul et unique modèle.

Un chrétien n'a pas à prouver ou à démontrer sa chrétienneté au monde car sa vie et la manière dont il la conduit doit déjà être un témoignage vivant de son appartenance à la famille du Christ.

Il y'a de plus en plus de païens ainsi que des chrétiens par apparence à cause du modernisme. Nous nous faisons souvent tromper par certains parce que les preuves dont nous tenons compte sont par exemple : les publications régulières de la parole de Dieu sur les réseaux sociaux, des statuts qui ne manquent jamais le nom de JESUS, une présence plutôt régulière à la prière et aux cultes, souvent premier à donner des leçons de morale aux autres, ... mais en regardant de plus près et en faisant un parallélisme entre ce que ce frère dit être et ce qu'est sa vie en réalité, fort malheureusement nous constatons une très grande incohérence. Ils sont peut-être difficiles à détecter mais aucune pièce de théâtre ne dure éternellement. Lorsque les rideaux se baissent dans la vie de ces derniers, vient le moment où l'on réalise le caractère de faux chrétien de ce frère qui semblait tellement gentil ou, de cette sœur tellement calme et muette qui jouait la comédie.

Beaucoup de gens ne sont pas réellement des vrais chrétiens mais juste détenteurs d'un passeport où il y a Jésus-Christ marqué en grand à brandir selon le bon vouloir :

-Lorsqu'il y a peine de cœur ou déception, quand l'homme nous fait du bien, Dieu est mis de côté

-Lorsqu'il faut s'attirer le respect des gens, étant donné que les chrétiens sont abusivement considérés comme des personnes extraordinaires.

-Lorsqu'il y a des tempêtes dans leurs vies

-Pour alléger leurs consciences.

Cette fausse chrétienneté sévit de plus en plus dans nos églises et nos regroupements chrétiens depuis que, servir Dieu comme ouvrier est un vêtement à la mode…

Tout le monde veut dire, Je suis chantre, je suis protocole etc. Mais, quelle est ta marche en tant qu'enfant de Dieu ? Un impudique et un menteur ? Etant chrétien, accepterais-tu que ta vie quotidienne soit projeté dans un cinéma ?

La vie chrétienne n'est pas une situation occasionnelle ou aléatoire mais un état

constant dans la communion avec CHRIST. Dieu ne demeure qu'en ceux qui le craignent et qui font sa volonté et rien que ceux-là verront sa gloire dans leurs vies.

<u>Illustration</u>

Ruth est une jeune fille de 19 ans, servante du Seigneur à son église en tant que monitrice à l'Ecodim (Ecole du dimanche). Active et présente 3 fois par semaine à l'église pour la jeunesse ainsi que les cultes, active dans la publication des versets sur les réseaux sociaux...

Cependant elle entretient une relation de copinage avec un garçon avec qui tous les week-ends ils se rencontrent pour pratiquer des interdits bibliques; pour faire court impudicité sous toutes ses formes. Donc durant la semaine lorsqu'elle parle aux autres de Jésus-Christ, en même temps elle planifie également ses péchés du week-end en âme et conscience.

Ruth est peut-être en apparence une bonne chrétienne et son entourage peut également le confirmer mais elle n'est que porteuse d'un passeport sur lequel le monde pourra lire Jésus-Christ car elle ne marche pas en respectant à la lettre la parole de Dieu mais, en choisissant ce qu'il lui faut pour constituer selon elle son bonheur.

‘’ La vérité ne se cache de rien car elle est vraie ‘’

CHAP 3 : LE COPINAGE

Sous le ciel de cette époque, qui pourrait prétendre ignorer ce vocabulaire : sortir avec quelqu'un, avoir un(e) copin(e), avoir un gars/ une go, avoir un mec/ une meuf, avoir un(e) petit ami(e), etc.

Tous ces termes ont pour point commun celui de renvoyer au concept de "copinage". Autres temps, autres mœurs. S’il y a quelques années, avoir une relation amoureuse hors-mariage était perçu comme une honte, aujourd'hui la honte, c'est de n'avoir jamais eu ce genre de relations !

Il est vrai que nous avons tous un jour rêvé de trouver notre moitié, cette personne qui fera battre notre cœur à mille à l'heure comme nulle autre, cette personne qui résumera notre univers. Les chrétiens sont ainsi parfois tentés de suivre cette mode du copinage comme tout le monde étant aussi humain, et puis notre moitié ne tombera pas du ciel, alors pourquoi ne pas s'y adonner ?

C'est une relation inoffensive souvent basée sur les sentiments, qui ne nous empêchent pas de continuer à demeurer en Christ et qui nous prépare à parfaitement prendre soin de notre futur compagnon ou compagne alors en quoi est-ce mauvais ?

La règle d'or ou même la chrétienté elle-même, est d'obéir à la parole de Dieu et amener les non croyants à le faire.

C'est à cet effet que grand nombre de chrétien voire des non croyants à forte conscience répondent à ce genre de questionnement en répliquant qu'il n'existe aucun verset dans la Bible parlant de copinage.

A ces personnes toute raison sur ce fait leur est accordée mais, cet absence dans la Bible a une bonne raison. Absence malgré laquelle la religion chrétienne interdit cette pratique au chrétien. La raison est toute simple, à l'époque où la Bible fut rédigée pour la première fois, ce vocabulaire n'existait pas et, navré de vous décevoir mais la parole de Dieu n'a jamais connu de mise à jour ! Par conséquent sa version restera la même éternellement.

Le mal aussi évolue

Si jadis cette pratique n'était peut-être pas ce qu'elle est devenue aujourd'hui, elle ne serait pas selon moi l'un des plus grands combat du chrétien. Car aujourd'hui le copinage est le lieu par excellence pour le blanchiment de la débauche et de l'impudicité. Lieu par excellence où se pratique le sexe à volonté avec une simple raison, c'est mon mec… comme si ça équivalait à mari !!!

N'avons-nous pas en mémoire l'époque où un copain et sa copine pouvaient avoir connu 2 ans de relation sans pour autant s'être vus une seule fois et ne communiquant que par de belles lettres d'amour ? Aujourd'hui perçues comme une belle farce... **Le temps présent exige le corps à corps et ce dernier ne réclame que le péché.** Cette flexibilité dans l'acceptation ou non de cette pratique n'est plus possible car le progrès technologique a complètement faussé le questionnaire.

Dans la grande majorité des cas le critère de sélection de son copain ou de sa copine se fait en prenant en compte la forme et pas le fond, les atouts physiques comme contrainte majeure, la beauté, le parler. Et même en englobant la minorité restante, quelle est la finalité poursuivit dans ces relations ? **N'appelles pas la tentation tout seul car Dieu défend les obéissant et punit les mangeurs de pomme.** Eve au moins n'avait pas cherché le serpent.

Le 21ème siècle ouvre grandement la porte à la fin du monde alors il ne faut surtout pas agir en suivant la mode, le "tout le monde le fait ‘’, ils en ont tous un(e),... Car tout ce qui sévit sur terre est sous le commandement du diable. (1 Jean 5,19)

Concrètement un péché ou pas ?

Venons-en clairement aux faits, à lui tout seul le copinage n'aurait pas été un interdit car elle aurait juste été l'étape qui précède les fiançailles. Avoir un copain c'est avoir une personne qui ne nous laisse pas indifférent, qui nous fait de l'effet physiquement et c'est là déjà la première règle que nous fait enfreindre cette pratique car, il est écrit dans la Bible que tout celui qui regarde une femme en la désirant a déjà péché et, cette fille est une femme. (Mat. 5:28).

Donc les envies, les pensées ou les désirs charnels que l'on éprouve pour sa copine est un péché parce que cette relation n'est pas reconnue par la Bible, pour le Seigneur vous n'êtes connu qu'au titre de deux personnes distinctes sur terre.

Deuxièmement qui peut parler de copinage sans imputer ce que je considère comme étant le plus grand et féroce combat du chrétien du 21ème siècle... l'impudicité. Cette dernière est en résumé définie comme toute pratique que l'homme utilise pour satisfaire sa chair

- Avec autrui: baiser avec désirs, rapports sexuels, préliminaires sexuel (bays), pornographie, flirt, pratique immorale...
- Avec soi même : masturbation

Voilà ce que dit la Bible de l'impudicité :

- Fuyez l'impudicité, quelque autre péché qu'un homme commette, ce péché est hors du corps; mais celui qui se livre à l'impudicité pèche contre son propre corps.

- Bien aimés, je vous exhorte, comme étrangers et voyageurs sur la terre à vous abstenir des convoitises charnelles qui font la guerre à l'âme (1 Pierre 2:11)

Copinage, tentation comme pain quotidien

Pour défendre leurs relations, beaucoup affirment pouvoir résister à la tentation, cependant la Bible ne nous ordonne pas de résister mais de fuir ! L'apôtre Paul déclare que la chair est faible et que nous devons fuir loin de tout ce qui peut nous faire tomber.

Le copinage implique souvent de faire passer la personne que l'on aime avant Dieu

Imaginons ensemble, un mercredi après-midi, tu décides de te rendre à l'église qui commence dans une heure. Pendant que tu t'apprêtes, le téléphone sonne et c'est ta copine qui te dit qu'elle est seule chez elle jusqu'à 20h sachant que vous avez passé six mois sans rencontre et que tu es amoureux d'elle... Que ferais-tu ? A toi de répondre.

Lorsque vous sortez avec quelqu'un, d'une façon ou d'une autre, il y a naissance de certains liens entre les concernés et cela au détriment de la relation que vous avez avec Dieu. Tous les sacrifices que tu es capable de faire pour un humain doivent être inferieur par rapport à ceux que tu pourrais faire pour ton Dieu. Nous sommes souvent disposés à dormir tard pour celle ou celui que l'on aime, est-ce le cas aussi pour Dieu ? Quotidiennement nous voulons avoir un petit coucou de sa part, lis-tu au quotidien la bible ?

D'une certaine façon il y a création de lien entre soi et autrui. C'est comme si vous deveniez une même chair surtout qu'aujourd'hui on se permet même de pratiquer ce qui n'est réservé qu'aux mariés.

Dieu n'aime pas ça !

Le blanchiment du mal

Nous pouvons prétendre ne rien faire de mal mais une bonne action ou un acte dépourvu de mal est celui qui peut fièrement être partagé à tous. Pouvons-nous fièrement dire à nos parents, à notre tante, à notre oncle, à notre pasteur que nous entretenons une relation de copinage et que nous y pratiquons certaines expériences ?...Ça ne sert absolument à rien de vivre en calquant sa vie sur celle des autres car, nous faisons parfois escale aux mêmes endroits mais nous avons des destinations différentes. **Ce qui est une leçon pour l'un est une mort pour l'autre.**

Illustration

Vanessa, Lisa et Chantal sont trois amies depuis l'école secondaire, après six ans en bleu blanc ensemble, les voilà enfin à l'université. Chantal est une jeune fille issue d'une famille modeste mais, n'ayant pas suffisamment pour lui offrir le minimum vital. Son intrigue a toujours été de savoir comment ses deux amies font pour toujours avoir les téléphones les plus coûteux, alors qu'elles sont issues pratiquement de la même classe sociale. Lorsqu'elle leur posa la question, elles répondirent qu'elles avaient des poules aux œufs d'or comme petits amis.

Vanessa et Lisa pratiquaient régulièrement des rapports sexuels avec leurs conjoints et c'est ce que Chantal a accepté de suivre pour être comme ses amies, vivre la vie du commun des mortels.

Vanessa sortait avec Hugo, Lisa avec Edouard et désormais Chantal avec Jordan. Les trois couples ont organisé une sortie un week-end dans lequel toutes les festivités seraient au rendez-vous, dans une grande maison louée par leurs copains...

Lisa, habituée à ce genre de pratiques, les trouvaient presque répétitives alors pour cette fois, elle avait décidé de faire l'acte même sans protection pour changer du quotidien. Cependant durant son trajet pour le lieu du rendez-vous, elle rencontra un garçon à qui elle accorda 5 minutes difficilement qui, lui parla de l'importance de vivre selon Christ. Avant de partir ce frère lui dit : "Protège-toi toi-même et Christ te protégera ensuite".

Elle s'y rendit tout en étant troublée, pensant même à rentrer chez elle. Après quelques boissons et deux ou trois baisers, sa place était évidemment dans cette maison. Après les politesses chaque couple alla dans une chambre pour jouer... Surement à saute-mouton.

Vanessa se donna comme à son habitude à Hugo l'amour de sa vie, son futur mari en étant bien protégée. Lisa se donna à Edouard en exigeant un préservatif alors que, son partenaire était contre car elle s'est souvenu de la phrase du frère qui évangélisait dans la rue. Et Chantal fit de même avec Jordan son homme.

Huit mois après Lisa était porteur d'un bébé en son sein, Chantal du Sida et Vanessa vivait ses dernières heures sur un lit d'hôpital car Hugo était dans une secte satanique.

En s'unissant à lui, elle avait automatiquement lié leurs deux existences comme l'apôtre Paul l'a dit, Celui qui s'unit à la prostituée, ne forme plus qu'un avec (1 Corinthiens 6:16). Le préservatif n'est pas une protection absolue et, même si il l'était, il ne protège pas des mauvais esprits et des démons.

Quelques conseils pour lutter contre l'envie du tout le monde

J'aurai bien voulu à la place te donner une formule magique pour t'aider mais hélas, je ne le pourrai car **la magie de Dieu se cache dans sa parole.**

Comment faire pour lutter contre l'envie du copinage :

1. **Evites de comparer ta vie avec celle des autres** car tu es différent d'eux. S'ils sont tous des démons alors tu es le seul ange.
2. **Ne sois pas pressé pour le mariage**. Dieu te connait et il sait que tu n'as pas le don du célibat alors ce que l'homme nomme retard lui le nomme patience...
3. **Sois heureux et comblé en étant seul.** Profites pleinement de ton célibat car tu ne l'auras qu'une seule fois dans ta vie.
4. **Sois arrogant sur le fait que tu n'as pas de petit(e) ami(e)** afin de t'assumer et bannir la fausse honte que le malin met en toi.

5. **Dis-toi qu'un humain ne vaut pas la peine que tu prennes le risque de baisser ta spiritualité.**
6. **Le ou la petit(e) par excellence c'est Jésus.** Avec lui pas besoin d'attendre minuit pour que devienne plus intense une conversation ou attendre un moment libre pour le voir car il est permanent avec nous.
7. Si tu en as eu, évites de faire ami-ami avec tes ex petits copains car vous avez pour points communs des péchés commis ensemble, même si ce dernier s'est converti l'un comme l'autre pourrait demeurer un danger.

‘’ Les choses rares sont précieuses et les choses uniques inestimables. ‘’

CHAP 4 La virginité

Selon la bible, est vierge celle qui n’a pas encore connue d’homme, c’est- à- dire celle n’ayant pas encore eu de relations sexuelles. Selon la loi dans l’ancien testament, la virginité d’une future épouse était très importante. Si un homme s’unissait à une femme pour la première fois et qu’elle n’était pas vierge, elle devrait être lapidée car, considéré comme une prostitué selon le livre de Deutéronome.

Si jadis la virginité était un précieux trésor, une preuve de parfaite éducation, une immense fierté dont les jeunes filles prenaient soin de conserver jusqu’au mariage, aujourd’hui de moins en moins font preuve de patience. Pour cause la sexualité chez la jeunesse atteint des proportions très dramatiques, une fois de plus à la suite du modernisme.

Dans cette génération où tout le monde veut faire comme tout le monde pourquoi attendre alors que tous les autres profitent pleinement de leurs vies ? Déjà parce que tu n'es pas tout le monde et que tu es unique. Par conséquent ton destin est différent du leur.

Le diable et ses stratégies

Pour répondre à cette question pertinente à savoir, comment s'y prend au fil du temps pour, parvenir à faire faiblir de plus en plus des jeunes filles. Il est impératif d'évoquer le chapitre précédent. Car en effet, une grande majorité des filles ont perdu leur pureté dans une relation de copinage pour cause, qu'elle est créatrice de plusieurs tentations dont la fornication.

Toute jeune fille sait parfaitement qu'on est vierge qu'une seule fois par conséquent, ce n'est pas ce garçon du coin de l'avenue à qui elle adresse rarement la parole ou, ce beau garçon qui la drague et qui lui plait bien en retour, qu'elle jugera digne d'être son premier, nah !

Ça serait trop facile et surtout très inefficace comme arme de destruction massive, il est beaucoup plus malin que ça quand même. Pour cause, tu ne te sentirais pas suffisamment en sécurité avec un garçon que tu connais superficiellement, en tout cas pas assez pour lui donner facilement accès à un tel privilège.

Deuxièmement, il y aurait un problème de confiance car rien ne te garantirais sa loyauté, étant sensé être un secret entre vous deux. Pour se faire la stratégie par excellence par laquelle un grand nombre de fille perdent leurs virginités est « **l'amour** ». En disant ça je ne parle pas du vrai amour tel que nous l'ordonne Dieu mais, je parle de celui qui parvient à te faire trouver l'amour de ta vie alors que tu n'as même pas encore 20 ans, de celui qui te montre le papa de tes futurs bébés alors que tu n'as que 17 ans… Vous l'aurez compris très chers dames que ça n'est ni plus ni moins qu'une grosse et belle arnaque.

Simple en vous donnant l'illusion d'avoir déjà trouvé celui que tout le monde recherche tout le long de sa vie à savoir son âme sœur, vous vous dites alors maintenant ou dans quelques années quelle différence ? Pourquoi remettre à demain ce qui peut être fait aujourd'hui ? Alors il est très facile d'offrir comme preuve d'amour sa virginité.

L'autre stratégie est le « elles l'ont toutes déjà fait » une fois de plus le conformisme social est un assassin silencieux. Personne ne veut être démodé ou archaïque et c'est dans ce désir de conformité que certaines filles se donnent à des hommes car tout le monde l'a déjà fait. Extrêmement sidérant de constater au combien **les antivaleurs deviennent motif de fierté et les bonnes mœurs/valeurs motif de honte.**

Pourquoi rester vierge jusqu'au mariage ?

Primo lorsqu'une fille perd sa virginité, elle perd également dans la grande majorité des cas du sang (bien que cette perte de sang ne soit pas obligatoire). Le sang sert à créer une alliance comme Jésus qui en versant son sang sur la croix créa une alliance avec son épouse qu'est l'église. Spirituellement une alliance de sang est une union puissante qui unit deux personnes à tout jamais. L'alliance que Christ a fait avec son épouse l'église demeurera jusqu'à la fin des temps.

C'est ainsi que même dans les pactes avec le diable le sang est une donnée majeure et que sa force ne se limite pas à la simple douleur ressentie lors de la perte de cette dernière. C'est ainsi que les relations sexuelles sont réservés aux mariés car, elles sont prévues pour deux personne qui ne forment qu'un et ceux pour la vie. Alors ne perdez pas votre virginité avec un homme qui n'est pas votre mari car vos vies seront liées à jamais (on dit souvent qu'on n'oublie pas sa première fois), cette phrase n'est guère une coïncidence car cela s'appelle un lien d'âme.

Pressé par le désir, poussé par les copains

Si tu es chrétien, tu sais surement que la bible dit de s'abstenir de la fornication (1 Thessaloniciens 4 :3). Pourtant tu es parfois victime de certaines pulsions sexuelles ou des pensées érotiques sans raisons apparentes, sois rassuré car c'est humain et généralement normal. Même Paul ne te dira pas le contraire. De plus, comment résister à ces envies quand des copains ne cessent de dire à quel point il est jouissif d'en pratiquer. En vrai ce sont des fausses joies car la vraie joie est un cadeau du ciel qu'on ne cache pas à toute sa famille ou qui soumet la conscience à rude épreuve.

Pourquoi Dieu donne-t-il des désirs sexuels aux jeunes sachant que c'est une tentation ?

Réfléchissons ensemble, étant humain nous sommes régulièrement soumis à des pulsions. Assassines-tu tes camarades à chaque fois qu'ils te mettent dans une colère noire ? Ou encore étrangles-tu ta mère à chaque occasion où elle t'empêche de sortir et aller t'amuser comme tu le désires ? Elle n'est pas super Mario quand même ! La raison pour laquelle tu n'obéis pas à toutes ces pulsions est que Dieu t'a créé avec la force d'y résister alors, à chaque fois où tu te demanderas si tu seras capable de longtemps résister rappelles toi de ceci **« Dieu ne te soumettra jamais à une tentation au-delà de tes forces c'est pourquoi il ne te demandera jamais des trucs du genre voler comme un oiseau ou marcher sur l'eau ».**

La sexualité est un merveilleux cadeau que Dieu offre et réserve aux mariés (Genèse 1 :28). Supposons que tu achètes un cadeau destiné à ton ami bien aimé pour le jour de son anniversaire mais, ce dernier te le pique et l'ouvre avant ce jour, déplaisant n'est-ce pas ? C'est ainsi que

Dieu se sent quand ses enfants sont trop pressés pour attendre le moment qu'il a évalué convenable pour eux.

Ne te laisse pas gagner par tous ceux qui n'ont plus rien à perdre. Et à toi qui es tombée, saches qu'il n'est pas encore trop tard car il te faut juste t'avouer à toi-même ton tort et ensuite à ton Dieu en prenant la décision de lui donner ta vie pour que tu renaisses de nouveau et que ton passé de pécheur soit effacé afin que ta vie soit nouvelle.

'' L'amitié doit être un choix et pas un constat au risque d'être dévastateur ''

CHAP 5 : Le pouvoir des relations

Dans un monde où la perversion est de plus en plus grandissante, où les bonnes mœurs deviennent des antivaleurs, où le péché devient toléré,... Il est impératif de soigneusement choisir son entourage et ses fréquentations car ces dernières impactent considérablement notre vie.

En vrai, la vie est composée de l'ensemble des interactions que nous avons avec les humains essentiellement, qui peuvent aussi bien nous conduire à notre apogée ou à notre déclin. La bible déclare que la langue douce est un arbre de vie, et que la bouche des insensés répand la folie. Alors, de qui se compose ton cercle social ? Est-ce des personnes qui renforcent votre intégrité spirituelle en vous noyant de sagesse, ou à l'inverse des personnes qui renforcent votre chair et vous précipitent vers les plaisirs du monde.

Des amis exquis

Bien que la langue française nous offre une grande panoplie de qualificatifs pour une relation tels que : frère, sœur, camarade, collègue, confrère, ami, ... Nous par contre allons essentiellement mettre en lumière celui d'ami. Pourquoi ? Parce que c'est l'une, si ce n'est pas la relation la plus nuisible aujourd'hui.

Exquis… en effet de moins en moins de gens réalisent qu'une grande partie d'amis qu'ils ont ou ont eu, sont le fruit d'un casting qui n'a pas convenablement était réalisé, et parfois pas du tout. Par exemple, Auriane devient amie avec Manuela, mais cette dernière a pour meilleure amie Gaëlle par conséquent Auriane le devient également dans la grande majorité des cas. Le concept exquis nous pousse à réellement choisir le meilleur pour soi car le dictionnaire nous dira que ce mot désigne ce qui est choisi entre plusieurs à la suite de son excellence.

Les dangers des mauvais amis

1. Tes secrets, un ami est appelé à connaitre d'une manière ou d'une autre ce que les autres ignorent, comme le dit Jésus à ses disciples dans **Jean 15 : 15**.

Dis-moi, à qui confies-tu une partie de ta vie ?

2. Ton destin, ne sous-estime pas la puissance de la parole car Dieu créa le monde par la parole et le serpent trompa l'homme avec la parole. D'ordre tout à fait logique, tu es appelé à exposer tes oreilles à la bouche de tes amis qui ont donc le pouvoir de te conseiller d'aller à l'église ou en boite de nuit.

Comment reconnaitre ou choisir un ami exquis ?

1. En ce qui te concerne, c'est toujours en face ou directement qu'il s'adresse à toi en ne prenant pas un malin plaisir à te critiquer derrière ton dos (exode 33 :11)
2. Il se conduit de manière exemplaire devant Dieu et devant les hommes car il est le reflet de ta vie (1 Samuel 20: 30-31)

3. Il te soutient dans tes bons et mauvais jours, dans le bien et jamais dans le mal.
4. Il doit impérativement te conseiller car en tant qu'humain nous sommes frappés d'imperfection. S'il ne conseille jamais alors il ne se soucie pas.
5. Il a un soucie ardu de ton bien être.
6. L'ami exquis par excellence est le Saint Esprit

Le bon fondement.

L'amour, je parle du véritable et du sincère dont nous parle la bible dans 1 Corinthiens 13 :

L'amour est patient, plein de bonté, point envieux, il ne se vante point, il ne s'enfle point d'orgueil, il ne fait rien de malhonnête, il ne cherche point son intérêt, il ne s'irrite point, il ne soupçonne point le mal, il ne se réjouit point de l'injustice mais se réjouit de la vérité, il excuse tout, croit tout et supporte tout.

La lumière n'ira jamais de pair avec les ténèbres, le bien non plus avec le mal, ou encore moins le juste avec le méchant. Il est temps de comprendre qu'on ne mélange pas le linge propre et les torchons mais, évidemment à condition de savoir si toi tu es lequel des deux. Dis-moi qui tu fréquente et je te dirai qui tu es.

Conclusion

Le monde aura beau être refait, **l'ignorance** restera toujours aussi destructrice qu'elle l'est présentement. Tout simplement parce que l'homme est une espèce en permanente recherche de **nouvelle découverte**, ces deux facteurs expliquent l'origine de la fin du monde car l'homme dans son désir de l'inconnu fut facilement trompé car il ignorait quelles seraient réellement les conséquences. Adam et Eve n'avaient jamais connu la mort alors, ils leur était très difficile d'en connaitre les effets.

L'heure est grave pour l'humanité et la jeunesse en particulier alors, la meilleure façon pour sauver autrui c'est de lui monter le chemin de la vérité tout en lui expliquant les conséquences du chemin inverse. Chers parents, les sujets que vous considérez comme étant tabou pour vous et vos enfants sont ceux aux travers desquels ils sont détruits à l'extérieur faute de connaissance. Alors installez un univers de confiance afin que vos enfants soient en mesure de vous parler de tout sans exception. Chers conducteurs d'âme, cessez de simplifier les choses pour le bien être de vos fidèles. Enseignez leurs la parole contenue dans la bible pas des doctrines chrétiennes aménagées pour leur bien. Par exemple en prévenant et en déconseillant à un enfant de Dieu de prendre l'alcool et non pas en lui disant que même une petite goute est un péché. Il se fera trompé avec la vérité car, la vérité est un océan impossible à contenir.

Un chrétien doit parfaitement connaitre celui contre qui il se bat car, ce dernier le connait méticuleusement. Dieu nous connait de deux façons, en tant que créature et en tant qu'enfant. Les poissons, les arbres et les montagnes sont des créatures et pourtant, ils ne verront pas le ciel car ce dernier n'est réservé qu'à ceux qui font la volonté du Père.

'' Dieu nous a aimé avant même de créer l'amour ''

Ame Poétique

- Dieu créa l'univers et l'ignorance engendra le monde.

- Lorsqu'on est incapable de connaître qui on est réellement, difficile de ne pas être quelqu'un d'autre.
- Le diable ne vous apportera rien de plus que ce que vous êtes déjà dans votre ADN.
- Le voleur ne met jamais sa main dans la poche d'un mendiant.
- Le passé est l'instant inchangeable derrière soi et le futur l'occasion divine de faire mieux.
- Un corps fait de chair mais sans l'esprit du Seigneur, n'est qu'une tragédie inévitable.
- Dans un travail entrepris par plusieurs, la volonté proportionnelle est celle qui fera la différence.
- La vie chrétienne n'est pas une situation occasionnelle ou aléatoire mais un état constant dans la communion avec CHRIST.

- La vérité ne se cache de rien car elle est vraie
- Le temps présent exige le corps à corps et ce dernier ne réclame que le péché.
- N'appelles pas la tentation tout seul car Dieu défend les obéissants et punit les mangeurs de pomme
- Ce qui est une leçon pour l'un est une mort pour l'autre.
- la magie de Dieu se cache dans sa parole.
- Les choses rares sont précieuses et les choses uniques inestimables.
- les antivaleurs deviennent motif de fierté et les bonnes mœurs/valeurs motif de honte.
- vraie joie est un cadeau du ciel qu'on ne cache pas à toute sa famille ou qui soumet la conscience à rude épreuve.
- Dieu ne te soumettra jamais à une tentation au-delà de tes forces c'est pourquoi il ne te demandera jamais des trucs du

genre voler comme un oiseau ou marcher sur l'eau ;

- L'amitié doit être un choix et pas un constat au risque d'être dévastateur.
- L'ami exquis par excellence est le Saint Esprit
- La vérité est un océan impossible à contenir.
- Dieu nous a aimé avant même de créer l'amour

Bibliographie

1. La bible de Louis Second
2. TUNDA Nkoji (S.), Ame poétique (inédit)

Table de matière

Printed by Books on Demand GmbH, Norderstedt / Germany